sekolah - koulu   2
perjalanan - matka   5
transportasi - kuljetus   8
kota - kaupunki   10
pemandangan - maisema   14
restauran - ravintola   17
supermarket - supermarketti   20
minuman - juomat   22
makanan - ruoka   23
pertanian - maatila   27
rumah - talo   31
ruang tamu - olohuone   33
dapur - keittiö   35
kamar mandi - kylpyhuone   38
kamar anak - lastenhuone   42
pakaian - vaatteet   44
kantor - toimisto   49
ekonomi - talous   51
pekerjaan - ammatit   53
alat - työkalut   56
alat musik - soittimet   57
kebun binatang - eläintarha   59
olahraga - urheilu   62
aktivitas - aktiviteetit   63
keluarga - perhe   67
badan - vartalo   68
rumah sakit - sairaala   72
darurat - hätätilanne   76
bumi - maa   77
jam - kello   79
minggu - viikko   80
tahun - vuosi   81
bentuk - muodot   83
warna-warna - värit   84
berlawanan - vastakohdat   85
angka-angka - numerot   88
bahasa-bahasa - kielet   90
siapa / apa / begaimana - kuka / mitä / miten   91
dimana - missä   92

Impressum
Verlag: BABADADA GmbH, Nedderfeld 112 , 22529 Hamburg
Geschäftsführer / Verlagsleitung: Harald Hof
Druck: Books on Demand GmbH, In de Tarpen 42, 22848 Norderstedt

Imprint
Publisher: BABADADA GmbH, Nedderfeld 112 , 22529 Hamburg, Germany
Managing Director / Publishing direction: Harald Hof
Print: Books on Demand GmbH, In de Tarpen 42, 22848 Norderstedt

sekolah

koulu

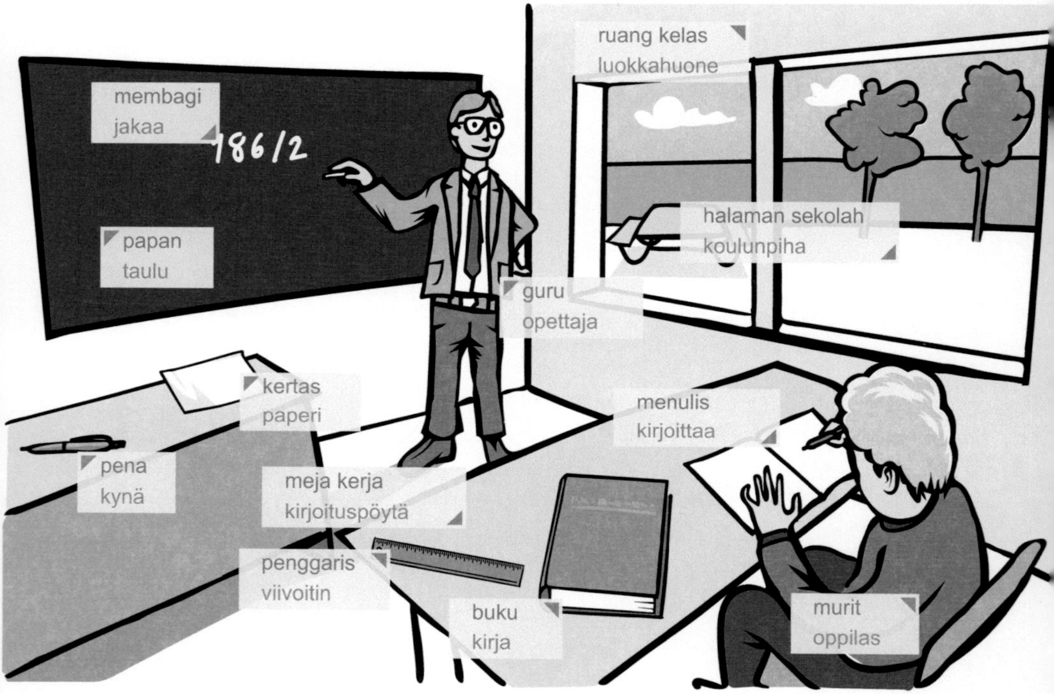

ruang kelas
luokkahuone
membagi
jakaa
186/2
papan
taulu
halaman sekolah
koulunpiha
guru
opettaja
kertas
paperi
menulis
kirjoittaa
pena
kynä
meja kerja
kirjoituspöytä
penggaris
viivoitin
buku
kirja
murit
oppilas

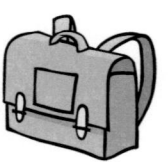

tas sekolah

reppu

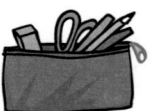

tempat pensil

penaali

pensil

lyijykynä

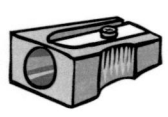

pengasah pensil

kynänteroitin

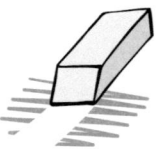

penghapus

pyyhekumi

kertas gambar

piirustuslehtiö

gambar
piirustus

kuas
pensseli

kotak cat
vesivärit

gunting
sakset

lem
liima

buku latihan
harjoituskirja

pekerjaan rumah
kotitehtävä

angka
luku

2+2

tambhakan
lisätä

5-2

mengurangi
vähentää

mengalikan
kertoa

menghitung
laskea

A

huruf
kirjain

ABCDEFG
HIJKLMN
OPQRSTU
VWXYZ

alfabet
aakkoset

kata
sana

teks

teksti

membaca

lukea

kapur

liitu

pelajaran

oppitunti

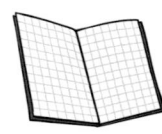

daftar

opettajan muistikirja

ujian

koe

sertifikat

todistus

seragam sekolah

koulupuku

pendidikan

koulutus

ensiklopedi

sanakirja

universitas

yliopisto

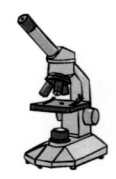

mikroskop

mikroskooppi

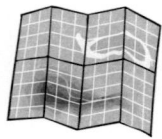

peta

kartta

tempat sampah

roskakori

perjalanan
matka

hotel
hotelli
Grand
hostel
retkeilymaja
ROOMS
EXCHANGE
kantor pertukaran mata uang
rahanvaihto
koper
matkalaukku
mobil
auto

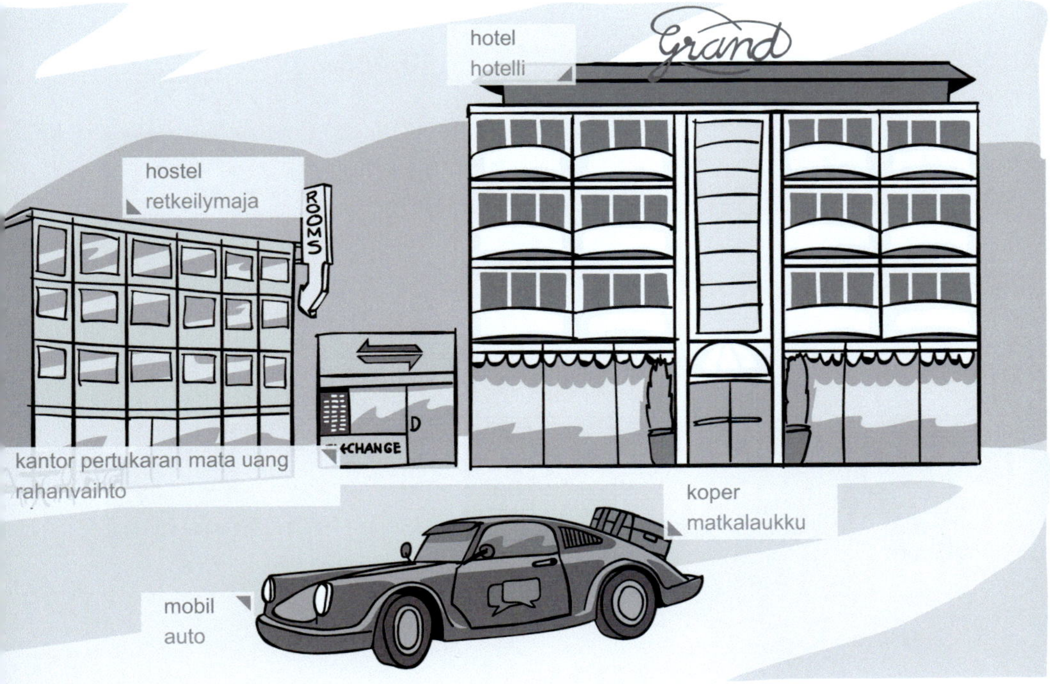

bahasa

kieli

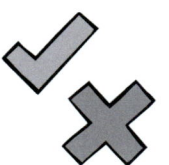

ya / tidak

kyllä / ei

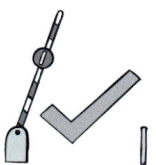

okay

selvä

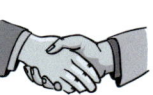

hallo

hei

penerjemah

tulkki

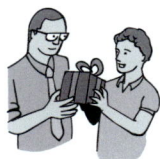

terima kasih

kiitos

Berapa harganya…?

Paljonko...maksaa?

saya tidak mengerti

en ymmärrä

masalah

ongelma

Selamat malam!

Hyvää iltaa!

Selamat siang!

Hyvää huomenta!

Selamat tidur!

Hyvää yötä!

sampai jumpa

näkemiin

arah

suunta

bagasi

matkatavarat

tas

laukku

ransel

reppu

tamu

vieras

ruang

huone

kantong tidur

makuupussi

tenda

teltta

informasi wisata

turisti-info

pantai

ranta

kartu kredit

luottokortti

sarapan

aamupala

makan siang

lounas

makan malam

päivällinen

tiket

matkalippu

elevator

hissi

perangko

postimerkki

perbatasan

raja

cukai

tulli

kedutaan

suurlähetystö

visa

viisumi

paspor

passi

transportasi

kuljetus

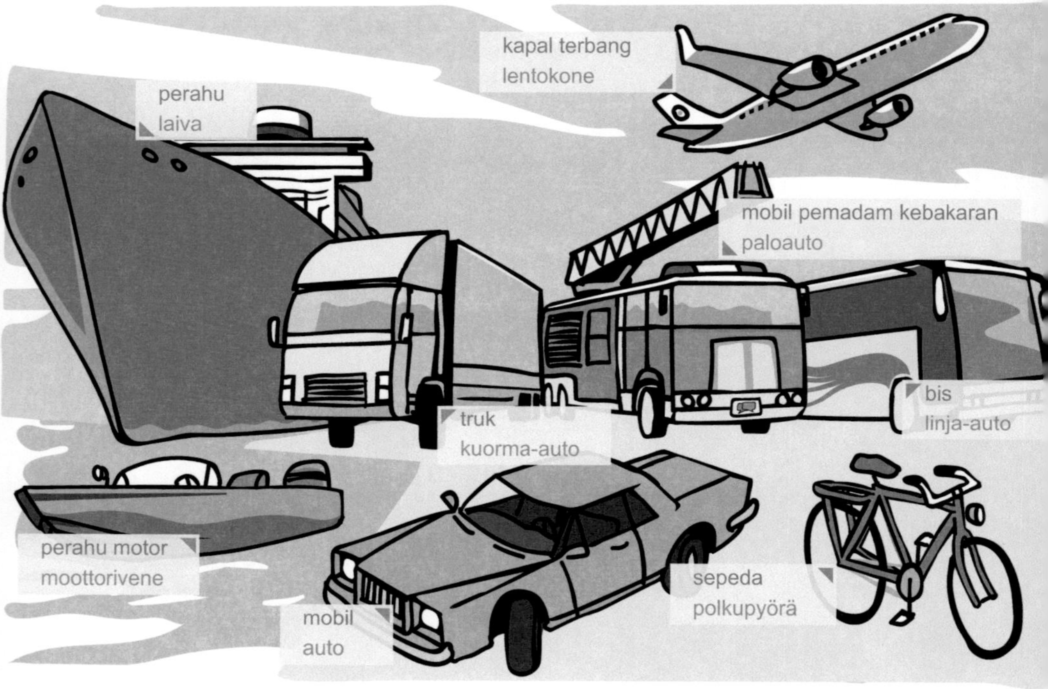
kapal terbang
lentokone
perahu
laiva
mobil pemadam kebakaran
paloauto
truk
kuorma-auto
bis
linja-auto
perahu motor
moottorivene
sepeda
polkupyörä
mobil
auto

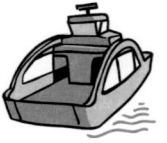

feri

lautta

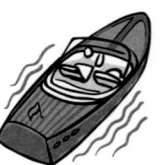

perahu

vene

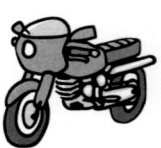

sepeda motor

moottoripyörä

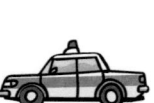

mobil polisi

poliisiauto

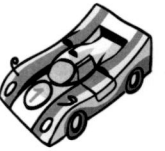

mobil balapan

kilpa-auto

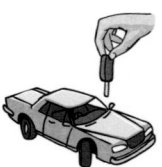

mobil sewa

vuokra-auto

berbagi mobil

car sharing

truk derek

hinausauto

truk sampah

roska-auto

motor

moottori

bahan bakar

polttoaine

bensin

huoltoasema

tanda lalulintas

liikennemerkki

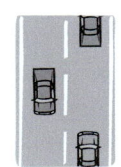

lalulintas

liikenne

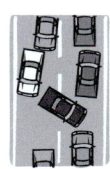

macet

ruuhka

parkir mobil

parkkipaikka

stasiun kereta

rautatieasema

trek

raiteet

kereta api

juna

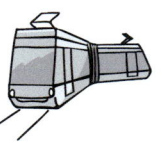

tram

raitiovaunu

gerobak

vaunu

helikopter

helikopteri

bendara

lentokenttä

menara

lähilennonjohto

penumpang

matkustaja

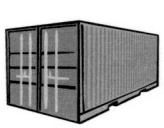

container

kontti

karton

pahvilaatikko

troli

kärryt

keranjang

kori

berangkat / mendarat

nousta / laskea

kota
kaupunki

desa

kylä

pusat kota

keskusta

rumah

talo

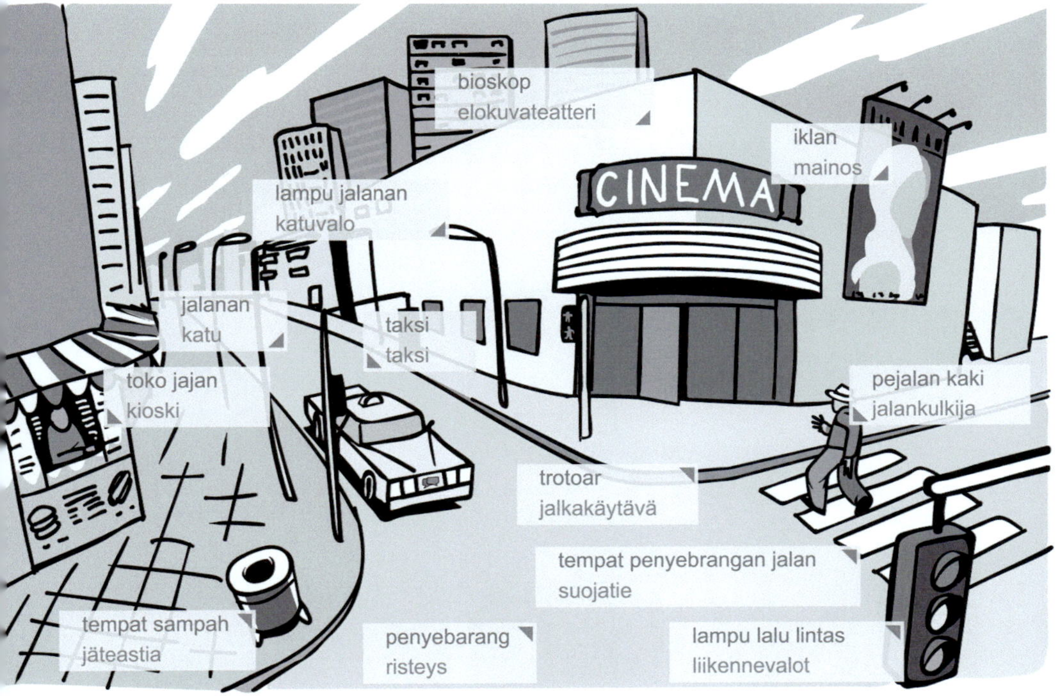

bioskop
elokuvateatteri
iklan
mainos
CINEMA
lampu jalanan
katuvalo
jalanan
katu
taksi
taksi
toko jajan
kioski
pejalan kaki
jalankulkija
trotoar
jalkakäytävä
tempat penyebrangan jalan
suojatie
tempat sampah
jäteastia
penyebarang
risteys
lampu lalu lintas
liikennevalot

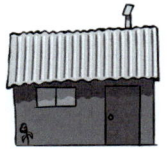

gubuk

mökki

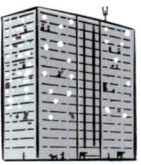

rumah flat

kerrostalo

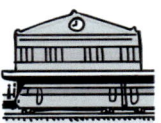

stasiun kereta

rautatieasema

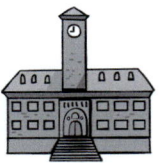

balai kota

kaupungintalo

MUSEUM

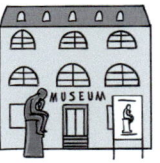

museum

museo

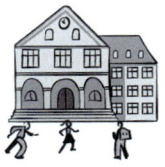

sekolah

koulu

universitas
yliopisto

bank
pankki

rumah sakit
sairaala

hotel
hotelli

farmasi
apteekki

kantor
toimisto

toko buku
kirjakauppa

toko
liike

toko bunga
kukkakauppa

supermarket
supermarketti

pasar
tori

toko serba ada
tavaratalo

nelayan
kalakauppias

pusat belanja
ostoskeskus

pelabuhan
satama

taman

puisto

banku

penkki

jembatan

silta

tangga

portaat

kereta bawah tanah

metro

terowongan

tunneli

pemberhantian bis

linja-autopysäkki

bar

baari

restauran

ravintola

kotak surat

postilaatikko

tanda jalan

katukyltti

meteran parkir

parkkimittari

kebun binatang

eläintarha

kolam renang

uimala

mesjid

moskeija

pertanian

maatila

polusi

ympäristön saastuminen

kuburan

hautausmaa

gereja

kirkko

tempat bermain

leikkikenttä

pura

temppeli

pemandangan
maisema

daun
lehti

penunjuk arah
tienviitta

jalanan
tie

padang rumput
niitty

batu
kivi

pejalak kaki
retkeilijä

pohon
puu

sungai
joki

rumput
ruoho

bunga
kukka

lembah

laakso

bukit

vuori

danau

järvi

hutan

metsä

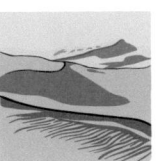

padang gurun

aavikko

gunung berapi

tulivuori

istana

linna

pelangi

sateenkaari

jamur

sieni

pohon palem

palmu

nyamuk

hyttynen

lalat

kärpänen

semut

muurahainen

lebah

mehiläinen

laba-laba

hämähäkki

pemandangan - maisema

kumbang

kovakuoriainen

kodok

sammakko

tupai

orava

landak

siili

kelinci

jänis

burung hantu

pöllö

burung

lintu

angsa

joutsen

babi jantan

villisika

rusa

peura

rusa

hirvi

bendungan

pato

turbin angin

tuulimylly

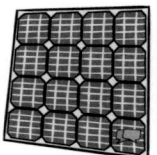

panel surya

aurinkopaneeli

iklim

ilmasto

pemandangan - maisema

restauran
ravintola

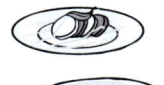

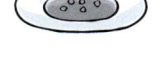

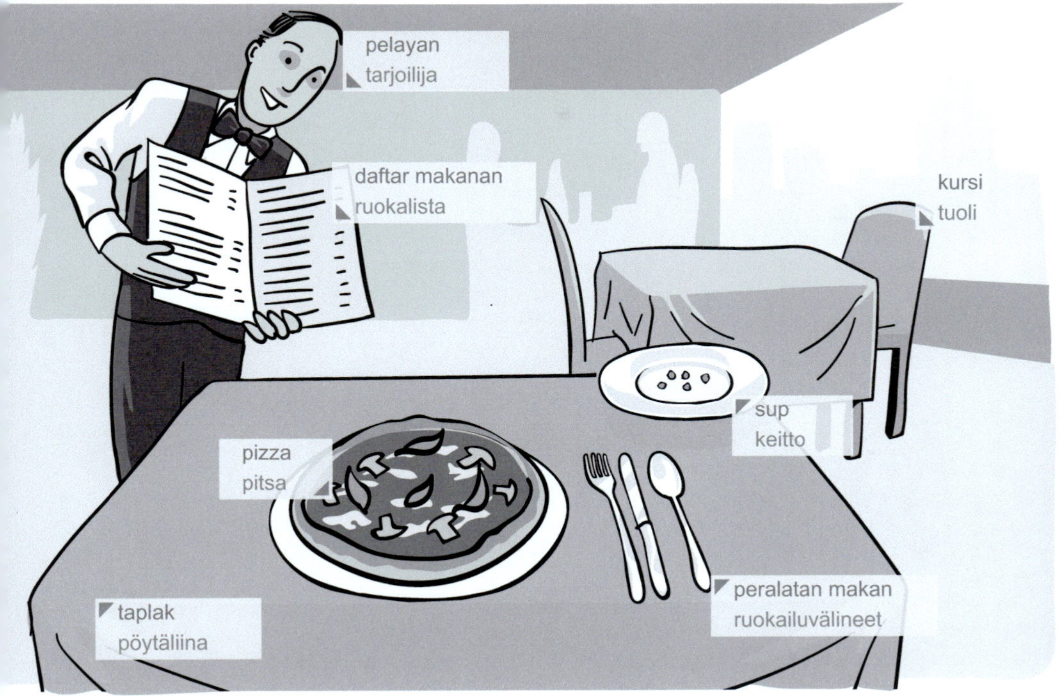
pelayan
tarjoilija
daftar makanan
ruokalista
kursi
tuoli
sup
keitto
pizza
pitsa
peralatan makan
ruokailuvälineet
taplak
pöytäliina

hindangan pembuka

alkuruoka

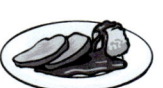

hidangan utama

pääruoka

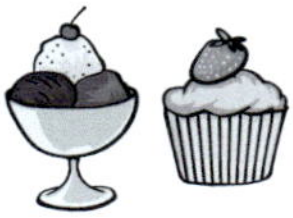

hidangan penutup

jälkiruoka

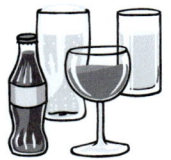

minuman

juomat

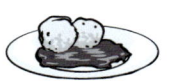

makanan

ruoka

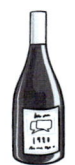

botol

pullo

fastfood

pikaruoka

masakan jalanan

katuruoka

teko teh

teekannu

kaleng gula

sokeriastia

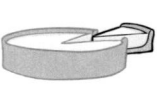

porsi

annos

mesin espresso

espressokeitin

kursi tinggi

syöttötuoli

tagihan

lasku

baki

tarjotin

pisau

veitsi

garpu

haarukka

sendok

lusikka

sendok teh

teelusikka

serbet

servietti

gelas

lasi

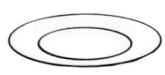

piring
lautanen

piring sup
syvä lautanen

lepek
aluslautanen

saus
kastike

tempat garam
suolasirotin

gilingan merica
pippurimylly

cuka
etikka

minyak
öljy

bumbu
mausteet

saus tomat
ketsuppi

mustar
sinappi

mayones
majoneesi

supermarket

supermarketti

penawaran khusus
tarjous
klien
asiakas
FOR
produk susu
maitotuotteet
buah
hedelmät
troli
ostoskärryt

BUTCHERS

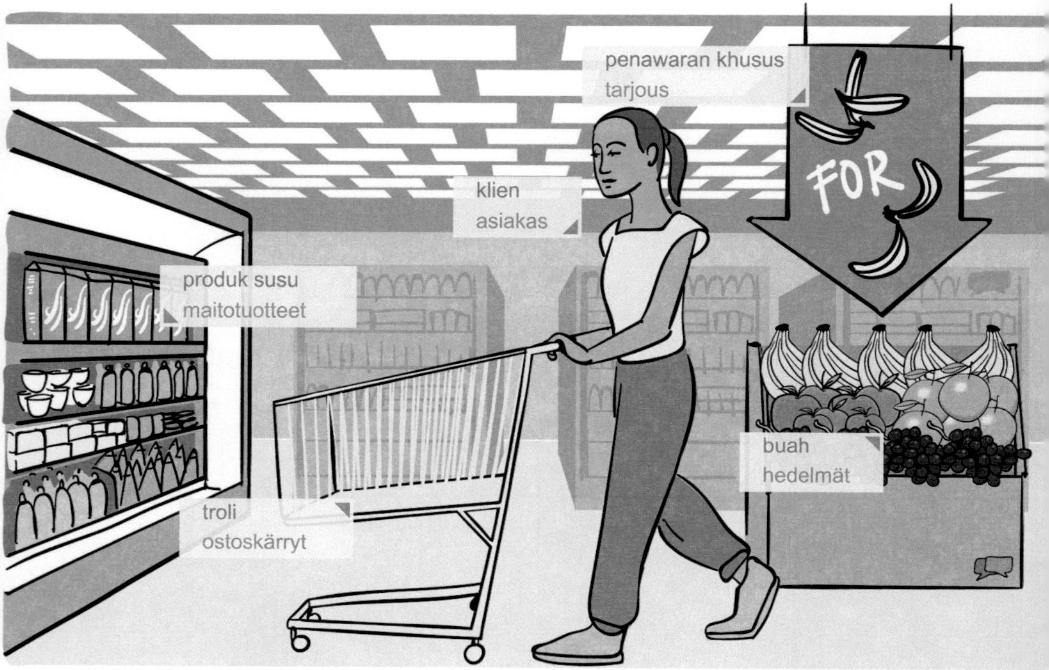

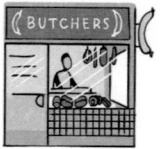

pembantai

teurastamo

BAKERY

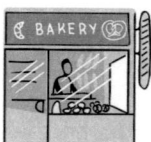

toko roti

leipomo

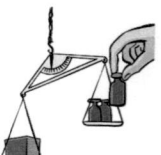

menimbang

punnita

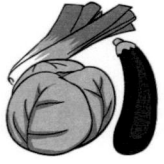

sayur

kasvikset

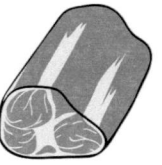

daging

liha

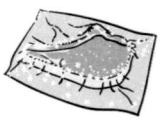

makanan beku

pakasteet

pemotongan dingin

leikkele

makanan kaleng

säilykkeet

sabun serbuk

pesujauhe

permen

makeiset

alat-alat rumah tangga

kotitaloustarvikkeet

obat pembersihan

puhdistusaineet

penjual

myyjä

kasa

kassa

kasir

kassanhoitaja

daftar belanja

ostoslista

jam buka

aukioloajat

dompet

lompakko

kartu kredit

luottokortti

tas

kassi

kantong plastik

muovipussi

air
vesi

jus
mehu

susu
maito

cola
kokis

anggur
viini

bir
olut

alkohol
alkoholi

coklat
kaakao

teh
tee

kopi
kahvi

espresso
espresso

cappucino
cappuccino

pisang

banaani

apel

omena

jeruk

appelsiini

semangka

meloni

jeruk lemon

sitruuna

wortel

porkkana

bawang putih

valkosipuli

bambu

bambu

bawang bombai

sipuli

jamur

sieni

kacang

pähkinät

mi

spagetti

spagetti

spagetti

nasi

riisi

salat

salaatti

kentang goreng

ranskalaiset

kentang goreng

paistetut perunat

pizza

pitsa

hamburger

hampurilainen

sandwich

voileipä

sayatan

leike

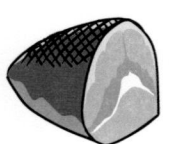

ham

kinkku

salami

salami

sosis

makkara

ayam

kana

menggoreng

paisti

ikan

kala

bubur gandum

kaurahiutaleet

sereal

mysli

cornflakes

murot

tepung

jauho

croissant

voisarvi

roti

sämpylä

roti

leipä

toast

paahtoleipä

biskuit

keksit

mentega

voi

dadih

rahka

kue

kakku

telur

kananmuna

telur goreng

paistettu kananmuna

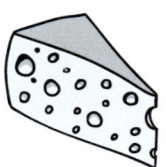

keju

juusto

eskrim

jäätelö

gula

sokeri

madu

hunaja

selai

hillo

krim nugat

suklaapähkinälevite

kare

curry

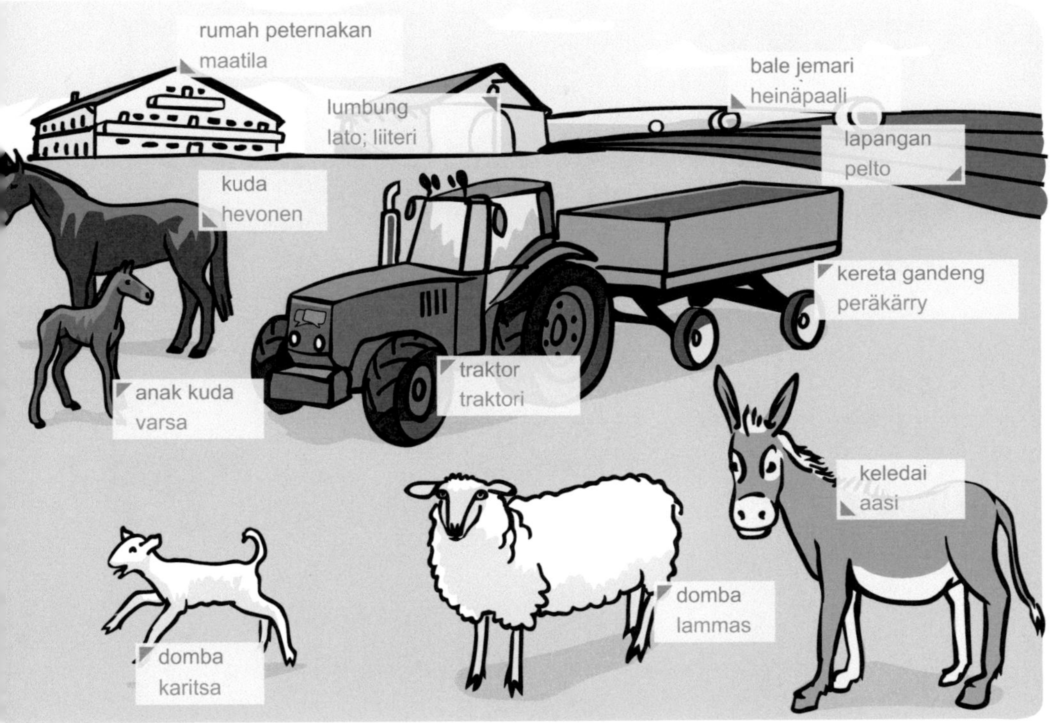

rumah peternakan
maatila

lumbung
lato; liiteri

bale jemari
heinäpaali

lapangan
pelto

kuda
hevonen

kereta gandeng
peräkärry

anak kuda
varsa

traktor
traktori

keledai
aasi

domba
lammas

domba
karitsa

kambing

vuohi

sapi

lehmä

betis

vasikka

babi

sika

celeng

porsas

banteng

sonni

angsa

hanhi

bebek

ankka

anak ayam

tipu

ayam

kana

ayam jantan

kukko

tikus

rotta

kucing

kissa

tikus

hiiri

lembu

härkä

anjing

koira

rumah anjing

koirankoppi

selang

puutarhaletku

penyiram

kastelukannu

sabit

viikate

bajak

aura

sabit

sirppi

cangkul

kuokka

garpu rumput

talikko

kapak

kirves

gerobak

kottikärryt

palung

kaukalo

kaleng susu

maitokannu

karung

säkki

pagar

aita

kandang

talli

rumah kaca

kasvihuone

tanah

maa

benih

siemen

pupuk

lannoite

mesin pemanen

leikkuupuimuri

panen

kerätä sato

panen

sato

yams

jamssit

gandum

vehnä

kedelai

soija

kentang

peruna

jagung

maissi

lobak

rypsi

pohon buah

hedelmäpuu

singkong

maniokki

sereal

vilja

rumah
talo

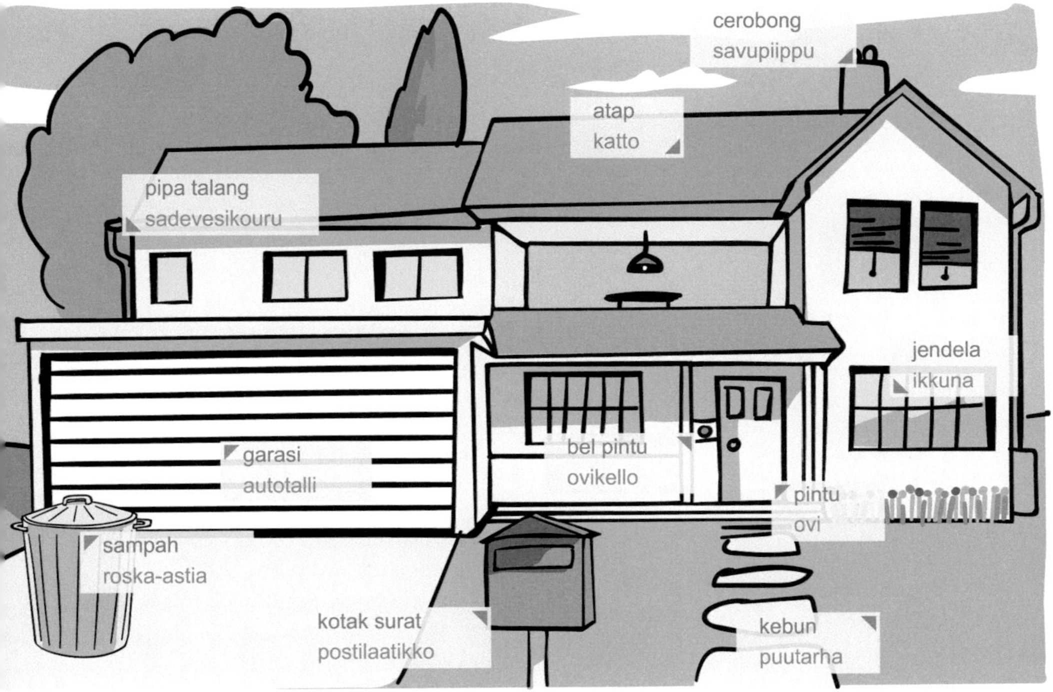

cerobong
savupiippu
atap
katto
pipa talang
sadevesikouru
jendela
ikkuna
garasi
autotalli
bel pintu
ovikello
pintu
ovi
sampah
roska-astia
kotak surat
postilaatikko
kebun
puutarha

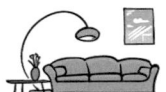

ruang tamu

olohuone

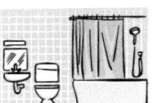

kamar mandi

kylpyhuone

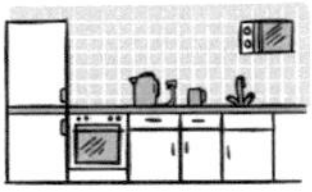

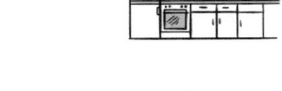

dapur

keittiö

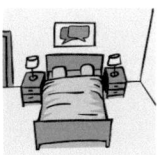

kamar tidur

makuuhuone

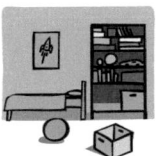

kamar anak

lastenhuone

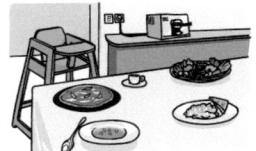

kamar makan

ruokahuone

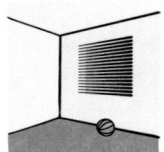

lantai

lattia

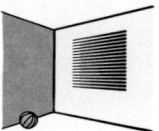

tembok

seinä

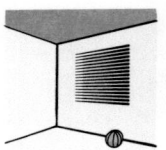

atap

katto

gudang di bawah tanah

kellari

sauna

sauna

balkon

parveke

teras

terassi

kolam renang

uima-allas

mesin pemotong rumput

ruohonleikkuri

sprei

lakana

selimut

päiväpeitto

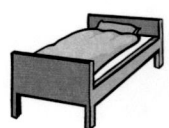

tempat tidur

sänky

sapu

harja

ember

ämpäri

tombol

katkaisin

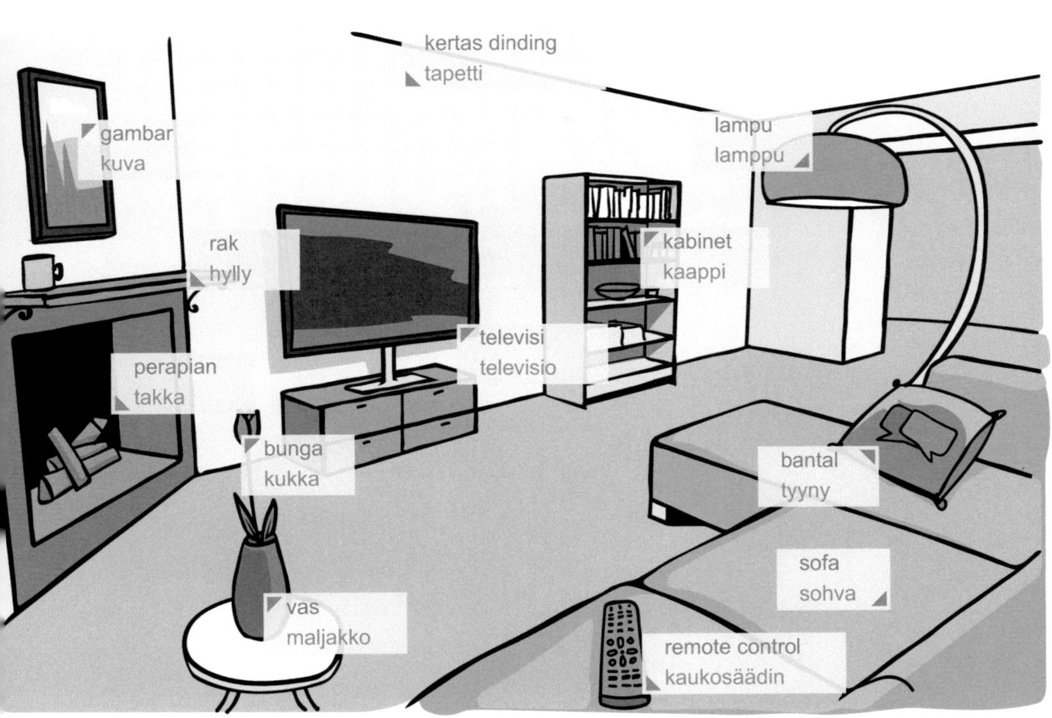

kertas dinding
tapetti

gambar
kuva

lampu
lamppu

rak
hylly

kabinet
kaappi

perapian
takka

televisi
televisio

bunga
kukka

bantal
tyyny

sofa
sohva

vas
maljakko

remote control
kaukosäädin

	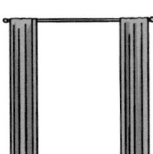	
karpet	korden	meja
matto	verho	pöytä

kursi	kursi goyang	kursi malas
tuoli	keinutuoli	nojatuoli

buku

kirja

selimut

peitto

dekorasi

koriste

kayu bakar

polttopuut

filem

elokuva

hi-fi

stereot

kunci

avain

koran

sanomalehti

lukisan

maalaus

poster

juliste

radio

radio

buku tulis

muistivihko

penyedot debu

pölynimuri

kaktus

kaktus

lilin

kynttilä

dapur
keittiö

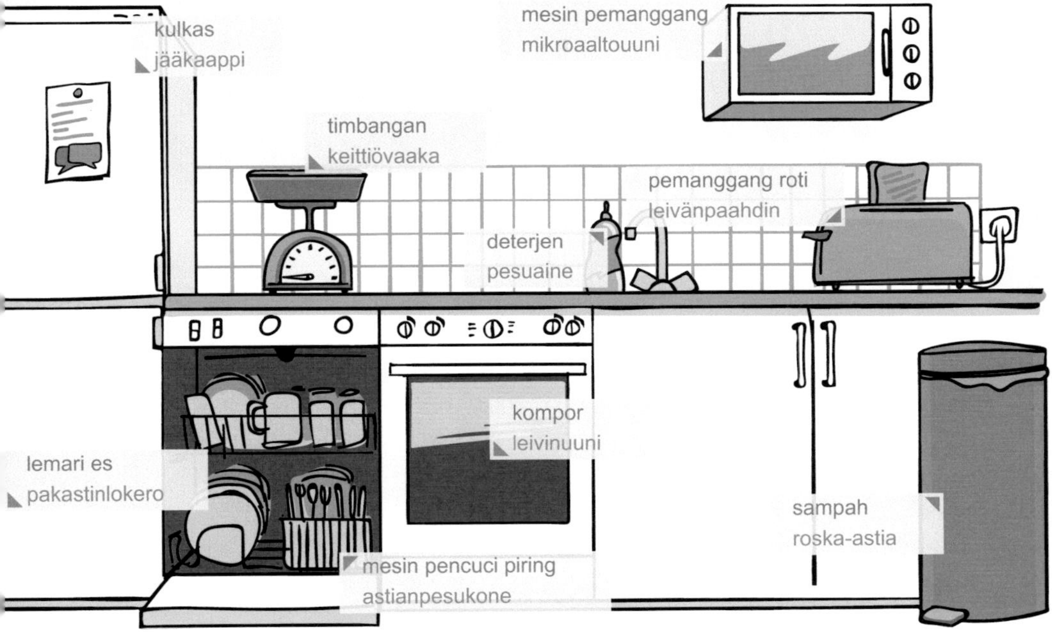
kulkas
jääkaappi
mesin pemanggang
mikroaaltouuni
timbangan
keittiövaaka
pemanggang roti
leivänpaahdin
deterjen
pesuaine
kompor
leivinuuni
lemari es
pakastinlokero
sampah
roska-astia
mesin pencuci piring
astianpesukone

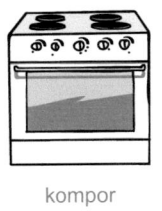

kompor
liesi

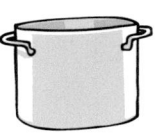

panci
kattila

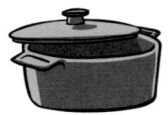

panci besi
rautapata

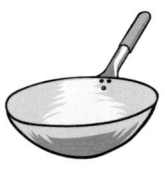

wajan
vokkipannu / kadai-pannu

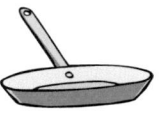

panci
paistinpannu

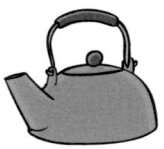

pemanas air
teepannu

panci pengukus makanan

höyrykeitin

nampan

uunipelti

piring

astiat

cangkir

muki

mangkok

kulho

sumpit

syömäpuikot

sendok sup

kauha

sudip

paistinlasta

mengocok

vispilä

saringan

siivilä

saringan

siivilä

parutan

raastin

mortir

mortteli

barbeque

grilli

api terbuka

avotuli

papan memotong

leikkuulauta

gilingan

kaulin

alat pembuka botol

korkinavaaja

kaleng

purkki

pembuka kaleng

purkinavaaja

pegangan panci

pannulappu

wastafel

lavuaari

sikat

tiskiharja

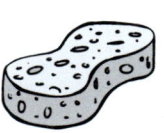

busa

pesusieni

mesin pencampur

tehosekoitin

lemari es

pakastin

botol bayi

tuttipullo

keran

vesihana

kamar mandi

kylpyhuone

mandi
suihku
mesin pemanas
lämmitys
handuk
pyyhe
tirai kamar mandi
suihkuverho
mandi busa
vaahtokylpy
bak mandi
kylpyamme
gelas
lasi
mesin cuci
pesukone
keran
vesihana
ubin
kaakelit
pispot
potta
wastafel
lavuaari

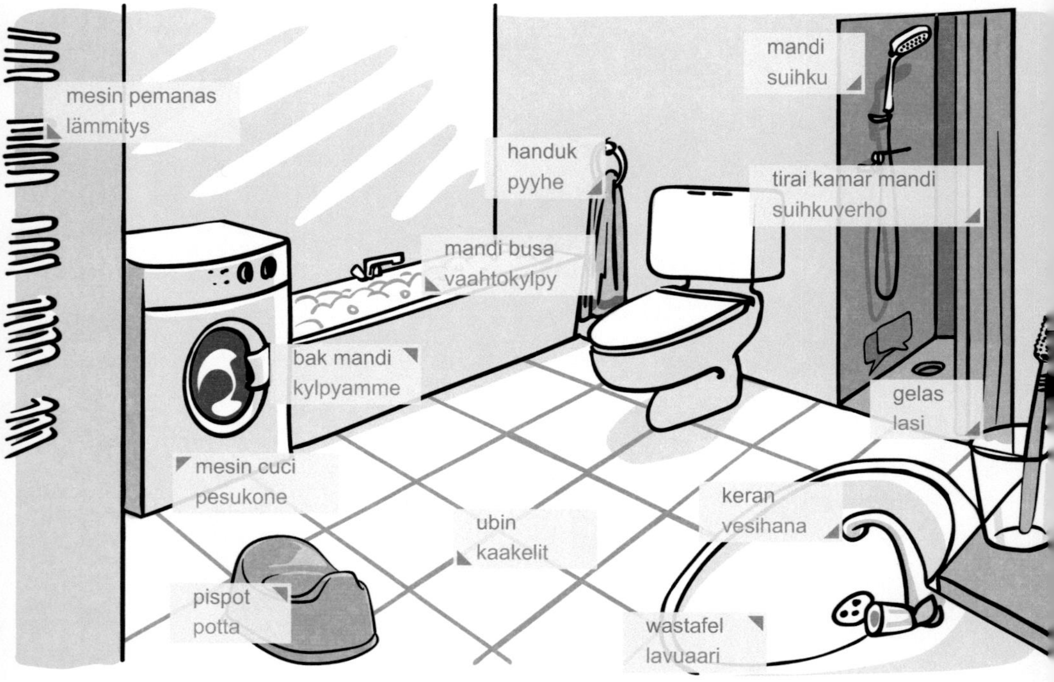

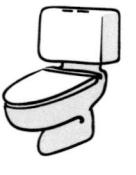

toilet

vessa

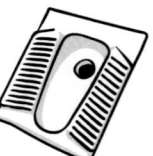

toilet jongkok

kyykkyvessa

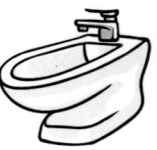

bidet

bidee

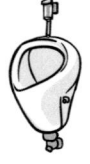

pissoir

pisuaari

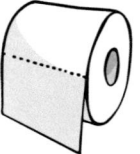

kertas toilet

vessapaperi

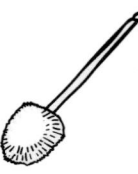

sikat toilet

vessaharja

sikat gigi

hammasharja

pasta gigi

hammastahna

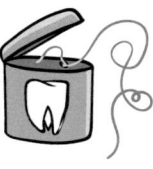

benang gigi

hammaslanka

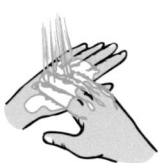

menyuci

pestä

pancuran tangan

käsisuihku

pancuran

intiimisuihku

bak

pesuvati

sikat punggung

selkäharja

sabun

saippua

gel mandi

suihkugeeli

sampo

shampoo

planel

pesulappu

kuras

viemäri

krim

voide

deodoran

deodorantti

kamar mandi - kylpyhuone

kaca

peili

cermin tangan

käsipeili

pisau cukur

partaveitsi

busa cukur

partavaahto

aftershave

partavesi

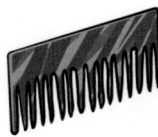

sisir

kampa

sikat

harja

alat pengering rambut

hiustenkuivaaja

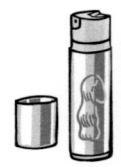

semprot rambut

hiuslakka

makeup

meikki

lipstik

huulipuna

cat kuku

kynsilakka

kapas

pumpuli

gunting kuku

kynsisakset

minyak wangi

hajuvesi

kantong pencuci

kosmetiikkalaukku

bangku

jakkara

timbangan

vaaka

mantel mandi

kylpytakki

sarung tangan karet

kumihansikkaat

tampon

tamponi

handuk pembalut

terveysside

toilet kimia

kemiallinen wc

kamar anak
lastenhuone

jam alarm
herätyskello
boneka tidur
pehmolelu
mobil-mobilan
leikkiauto
kelintung
helistin
rumah boneka
nukkekoti
kado
lahja

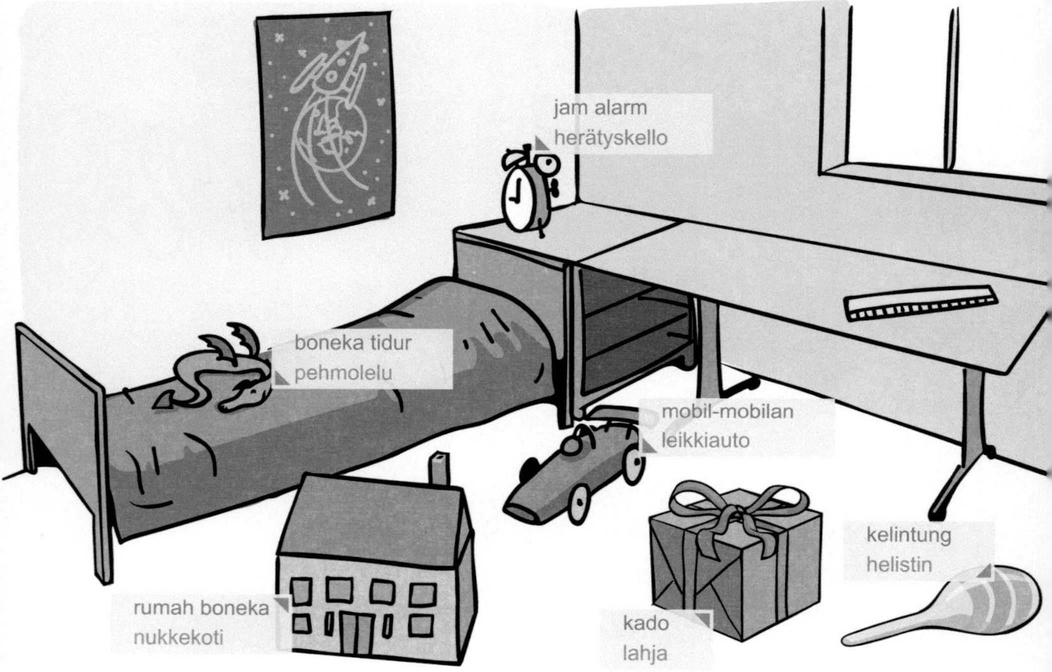

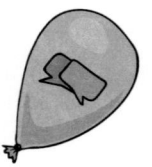

balon

ilmapallo

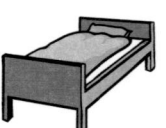

tempat tidur

sänky

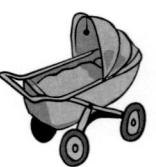

kereta bayi

lastenvaunut

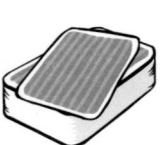

mainan kartu

korttipeli

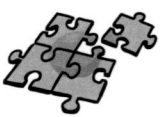

teka-teki

palapeli

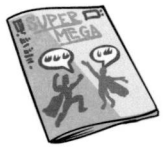

komik

sarjakuva

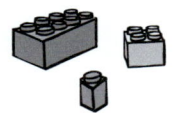

mainan lego

legopalikat

blok mainan

rakennuspalikat

figur aksi

supersankari

baju monyet

potkupuku

frisbee

frisbee

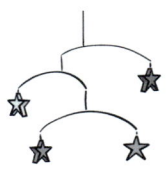

mobile

mobile

permainan papan

lautapeli

dadu

noppa

set model kreta api

pienoisjunarata

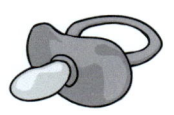

dot

tutti

pesta

juhlat

buku gambar

kuvakirja

bola

pallo

boneka

nukke

bermain

leikkiä

tempat main pasir

hiekkalaatikko

ayunan

keinu

mainan

lelut

video game konsol

pelikonsoli

sepeda roda tiga

kolmipyörä

teddy

nalle

lemari pakaian

vaatekaappi

pakaian

vaatteet

kaos kaki

sukat

kaos kaki

nylonsukat

baju ketat

sukkahousut

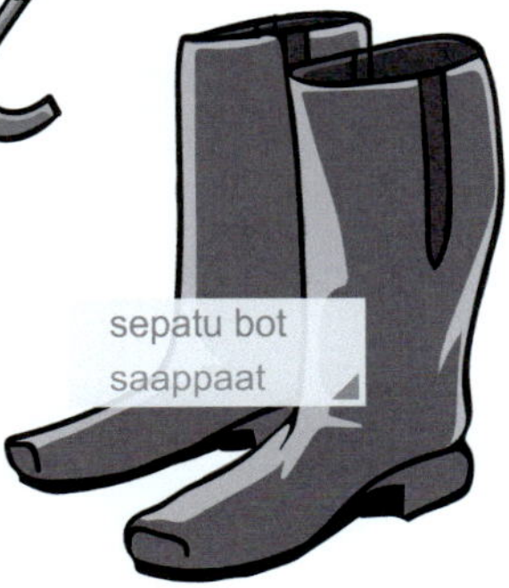

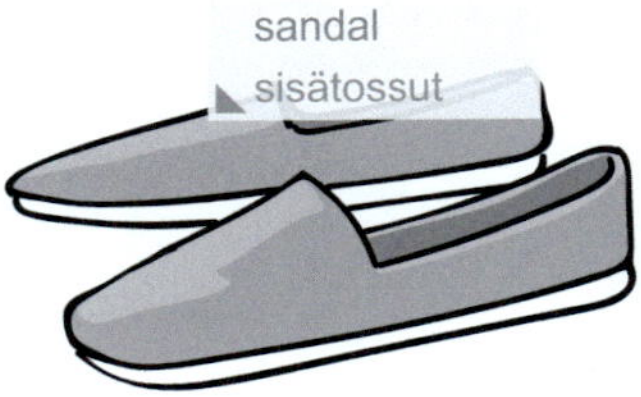

syal
kaulaliina

payung
sateenvarjo

kaos
t-paita

sabuk
vyö

sepatu bot
saappaat

sandal
sisätossut

sepatu
lenkkarit

sandal

sandaalit

sepatu

kengät

sepatu bot karet

kumisaappaat

celana dalam

alushousut

BH

rintaliivit

baju rompi

aluspaita

body

body

celana

housut

jeans

farkut

rok

hame

blus

pusero

kemeja

paita

aket berkerudung

villapaita

sweater

collegepaita

jaket

jakku

jaket

takki

mantel

takki

jas hujan

sadetakki

kostum

puku

gaun

mekko

gaun pengantin

hääpuku

setelan resmi

puku

gaun tidur

yöpaita

piyama

pyjama

sari

shari

jilbab

päähuivi

turban

turbaani

burka

burka

kaftan

kaftaani

abaya

abaya

pakaian renang

uimapuku

celana renang

uimahousut

celana pendek

shortsit

olah raga

verkkarit

celemek

esiliina

sarung tangan

käsineet

kancing

nappi

kacamata

silmälasit

gelang

rannekoru

kalung

kaulakoru

cincin

sormus

anting

korvakoru

topi

lippalakki

gantungan mantel

ripustin

topi

hattu

dasi

solmio

ritsleting

vetoketju

helm

kypärä

tali selempang

henkselit

seragam sekolah

koulupuku

seragam

univormu

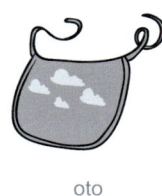

oto

ruokalappu

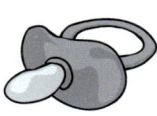

dot

tutti

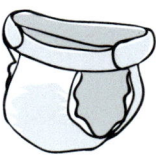

popok

vaippa

kantor
toimisto

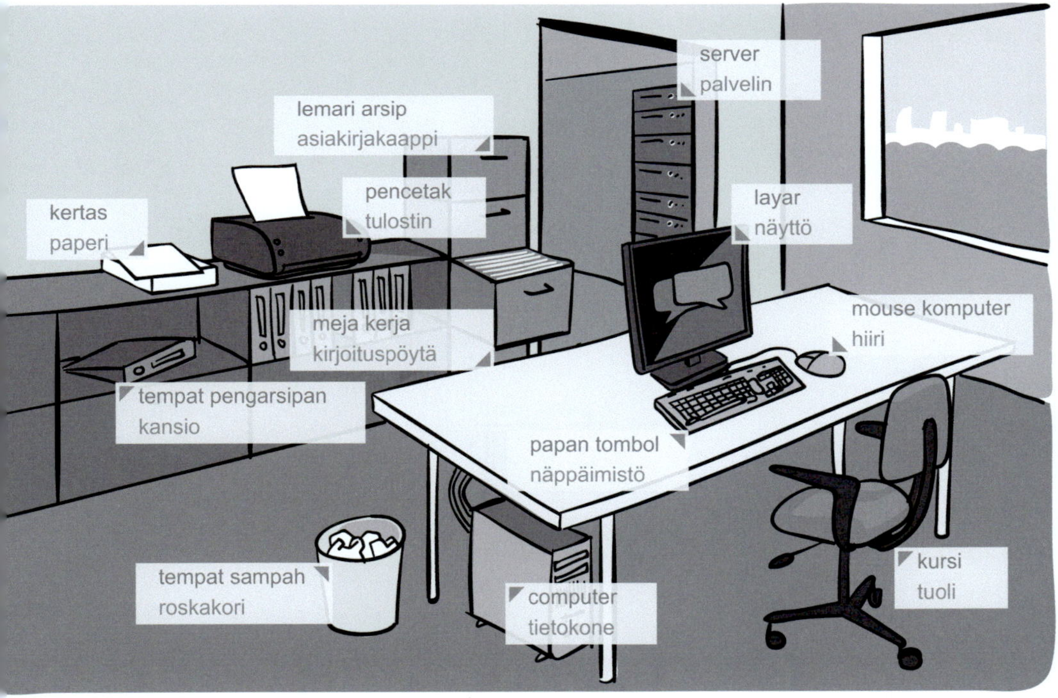
server
palvelin
lemari arsip
asiakirjakaappi
pencetak
tulostin
kertas
paperi
layar
näyttö
mouse komputer
hiiri
meja kerja
kirjoituspöytä
tempat pengarsipan
kansio
papan tombol
näppäimistö
tempat sampah
roskakori
computer
tietokone
kursi
tuoli

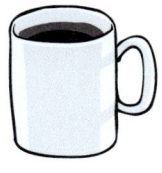

cangkir kopi

kahvimuki

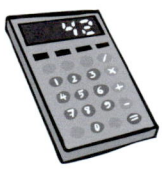

kalkulator

taskulaskin

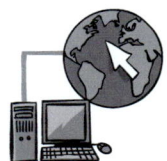

internet

internet

laptop

kannettava tietokone

surat

kirje

pesan

viesti

telepon seluler

kännykkä

jaringan

verkko

fotokopi

kopiokone

software

ohjelmisto

telepon

puhelin

plug soket

pistorasia

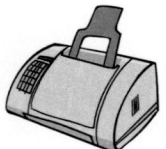

mesin fax

faksi

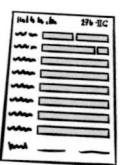

formulir

lomake

dokumen

asiakirja

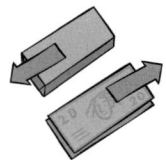

membeli

ostaa

membayar

maksaa

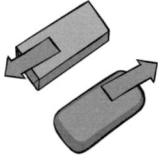

berdagang

vaihtaa

uang

raha

Dollar

dollari

Euro

euro

Yen

jeni

Rubel

rupla

Franc Swiss

frangi

Renminbi Yuan

renminbi juan

Rupiah

rupia

ATM

pankkiautomaatti

kantor pertukaran mata uang

rahanvaihto

emas

kulta

perak

hopea

minyak

öljy

energi

energia

harga

hinta

kontrak

sopimus

pajak

vero

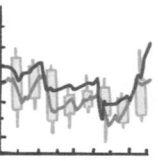

saham

osake

bekerja

työskennellä

karyawan

työntekijä

majikan

työnantaja

pabrik

tehdas

toko

liike

ekonomi - talous

petugas polisi
poliisi

pemadam kebakaran
palomies

pemasak
kokki

dokter
lääkäri

pilot
lentäjä

tukan kebun

puutarhuri

tukang kayu

puuseppä

penjahit wanita

ompelija

hakim

tuomari

ahli kimia

kemisti

aktor

näyttelijä

sopir bis

linja-autonkuljettaja

sopir taksi

taksinkuljettaja

nelayan

kalastaja

pembantu

siivooja

tukang atap

katontekijä

pelayan

tarjoilija

pemburu

metsästäjä

pelukis

maalari

tukang roti

leipuri

tukang listrik

sähköasentaja

pembangun

rakentaja

insinyur

insinööri

tukang daging

teurastaja

tukang ledeng

putkiasentaja

tukang pos

postinjakaja

tentara

sotilas

arsitek

arkkitehti

kasir

kassanhoitaja

penjual bunga

floristi

penata rambut

kampaaja

konduktor

konduktööri

montir

mekaanikko

kapten

kapteeni

dokter gigi

hammaslääkäri

ilmuwan

tiedemies

rabbi

rabbi

imam

imaami

biarawan

munkki

pendeta

pappi

alat
työkalut

palu
vasara
tang
pihdit
obeng
ruuvimeisseli
kunci
jakoavain
obor
taskulamppu

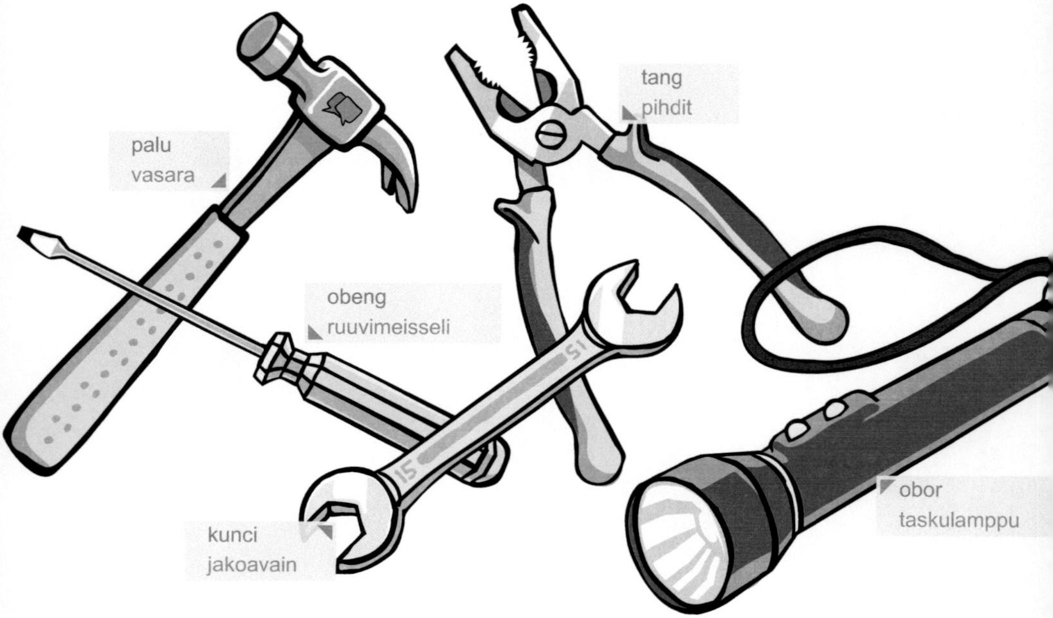

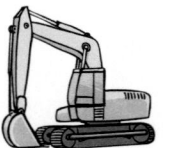

penggali

kaivinkone

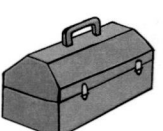

tas perkakas

työkalupakki

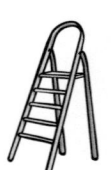

tangga

tikkaat

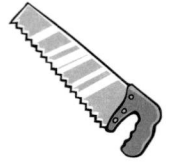

gergaji

saha

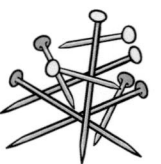

paku

naulat

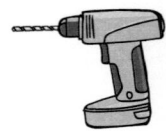

bor

pora

perbaikan

korjata

sekop

lapio

Sialan!

Hitto!

cikrak

rikkalapio

pot cat

maalipurkki

sekrup

ruuvit

alat musik
soittimet

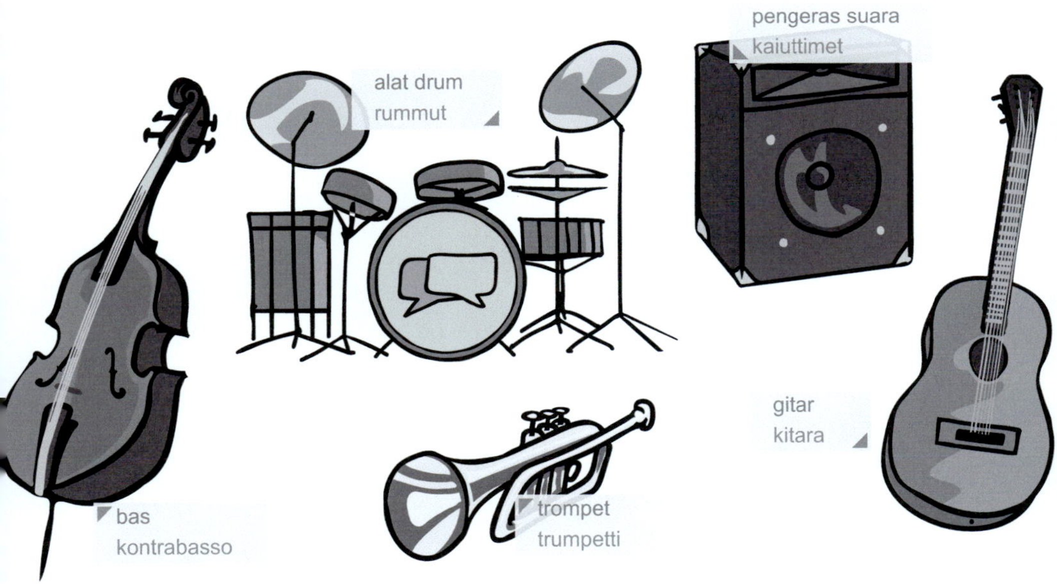

pengeras suara
kaiuttimet

alat drum
rummut

gitar
kitara

bas
kontrabasso

trompet
trumpetti

piano

piano

violin

viulu

bass

basso

tambur

patarummut

drum

rumpu

keyboard

kosketinsoitin

saksofon

saksofoni

suling

huilu

mikrofon

mikrofoni

kebun binatang
eläintarha

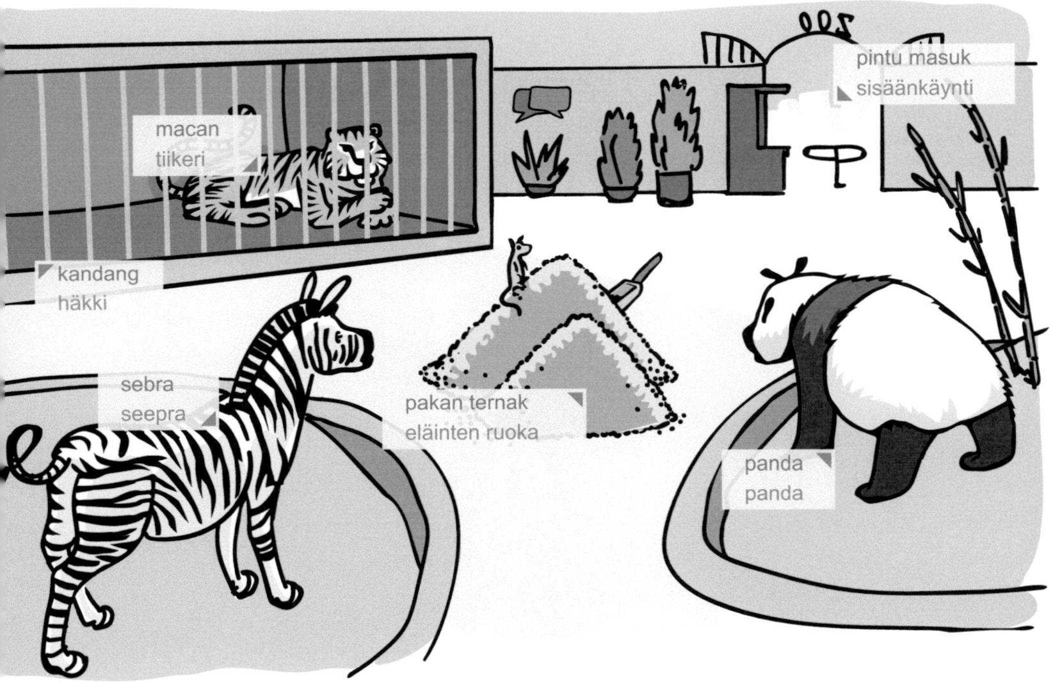
zoo
pintu masuk
sisäänkäynti
macan
tiikeri
kandang
häkki
sebra
seepra
pakan ternak
eläinten ruoka
panda
panda

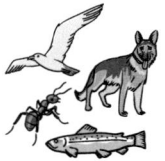

hewan
eläimet

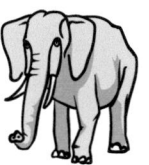

gajah
norsu

kanguru
kenguru

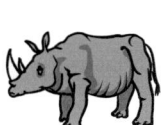

badak
sarvikuono

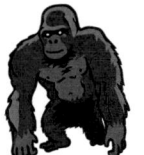

gorila
gorilla

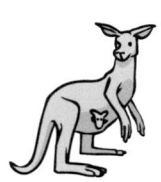

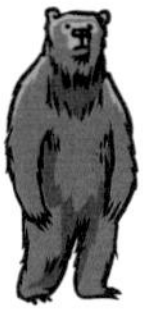

beruang
karhu

unta

kameli

burung unta

strutsi

singa

leijona

monyet

apina

flamingo

flamingo

burung beo

papukaija

beruang polar

jääkarhu

penguin

pingviini

hiu

hai

merak

riikinkukko

ular

käärme

buaya

krokotiili

penjaga kebun binatang

eläintarhanhoitaja

segel

hylje

jaguar

jaguaari

kuda poni

poni

macan tutul

leopardi

kuda nil

virtahepo

jerapah

kirahvi

burung elang

kotka

babi jantan

villisika

ikan

kala

kura-kura

kilpikonna

anjing laut

mursu

rubah

kettu

kijang

gaselli

american football
amerikkalainen jalkapallo

naik sepeda
pyöräily

tennis
tennis

basketbal
koripallo

bernang
uinti

tinju
nyrkkeily

hoki es
jääkiekko

sepak bola

jalkapallo

badminton

sulkapallo

atletik

yleisurheilu

bola tangan

käsipallo

main ski

hiihto

polo

poolo

aktivitas

aktiviteetit

meloncat
hypätä
memeluk
halata
ketawa
nauraa
berjalan
kävellä
menyanyi
laulaa
mengimpi
unelmoida
berdoa
rukoilla
mencium
suudella

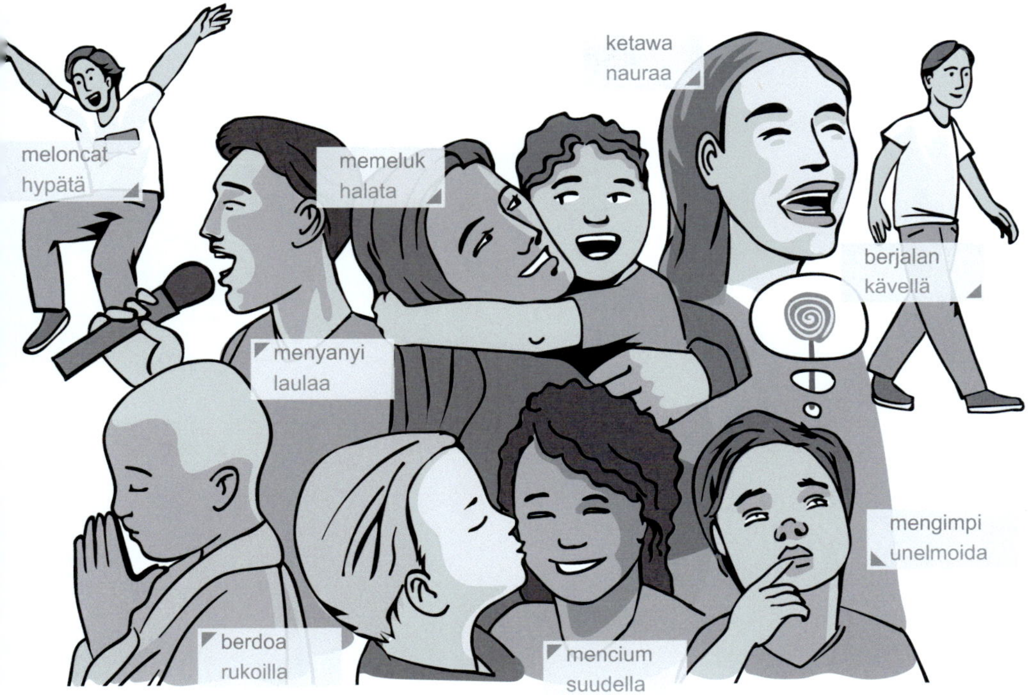

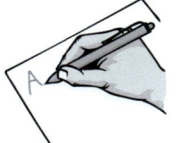

menulis

kirjoittaa

melukis

piirtää

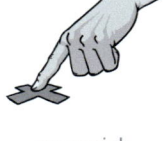

menunjuk

näyttää

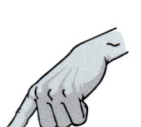

mendorong

painaa

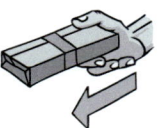

memberikan

antaa

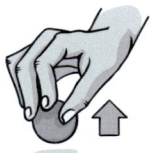

mengambil

ottaa

mempunyai

omistaa

melakukan

tehdä

adalah

olla

berdiri

seisoa

berlari

juosta

menarik

vetää

melempar

heittää

jatuh

kaatua

tidur

maata

menunggu

odottaa

membawa

kantaa

duduk

istua

berpakaian

pukeutua

tidur

nukkua

bangun

herätä

melihat

katsoa

menangis

itkeä

mengelus

silittää

menyisir

kammata

berbicara

puhua

mengerti

ymmärtää

menanyak

kysyä

mendengar

kuunnella

minum

juoda

makan

syödä

merapikan

siivota

cinta

rakastaa

memasak

keittää

menyetir

ajaa

terbang

lentää

aktivitas - aktiviteetit

berlayar

purjehtia

menghitung

laskea

membaca

lukea

belajar

oppia

bekerja

työskennellä

menikah

mennä naimisiin

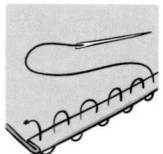

menjahit

ommella

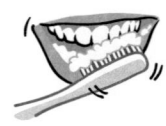

sikat gigi

pestä hampaat

membunuh

tappaa

merokok

tupakoida

kirim

lähettää

keluarga
perhe

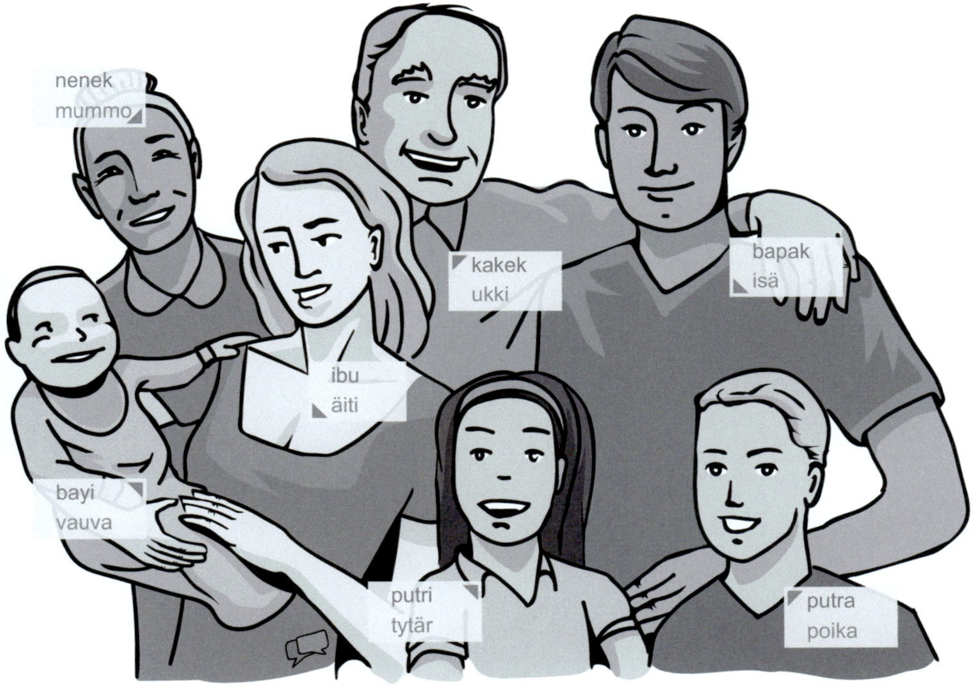
nenek
mummo
kakek
ukki
bapak
isä
ibu
äiti
bayi
vauva
putri
tytär
putra
poika

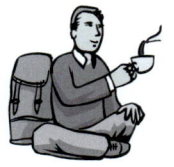

tamu

vieras

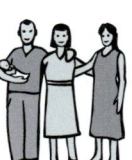

bibi

täti

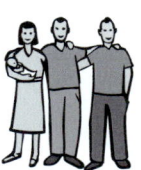

paman

setä

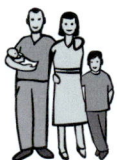

kakak laki

veli

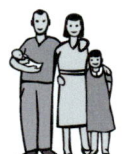

kakak perempuan

sisko

badan
vartalo

dahi
otsa
mata
silmä
muka
kasvot
dagu
leuka
payudara
rinta
jari
sormet
tangan
käsi
lengan
käsivarsi
bahu
olkapää
kaki
jalka

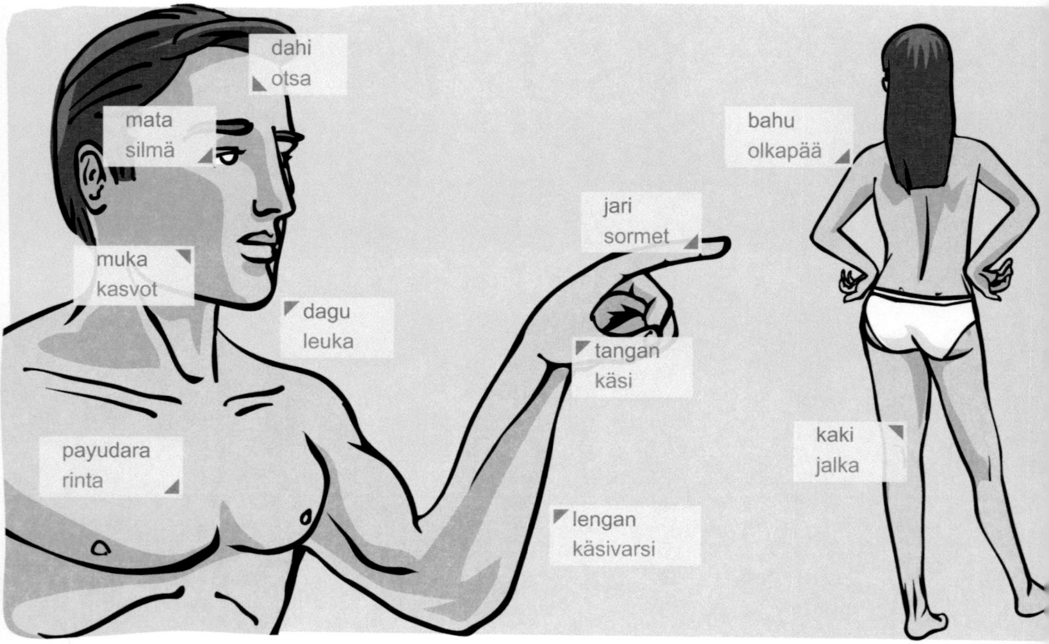

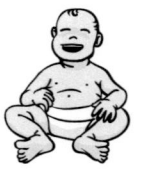

bayi
vauva

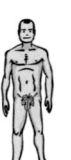

pria
mies

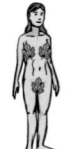

wanita
nainen

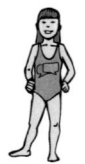

perempuan
tyttö

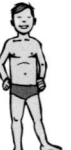

laki
poika

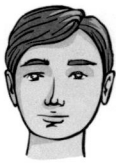

kepala
pää

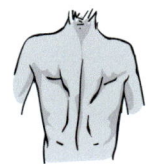

punggung

selkä

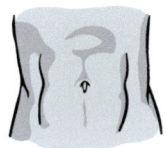

perut

maha

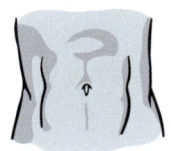

pusar

napa

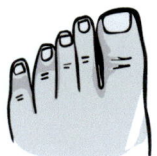

toe

varvas

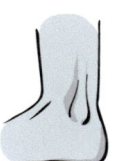

tumit

kantapää

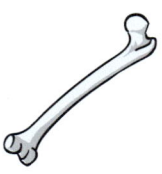

tulang

luu

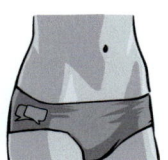

pinggang

lantio

lutut

polvi

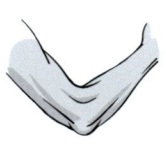

siku

kyynärpää

hidung

nenä

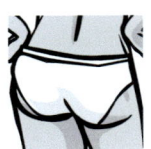

pantat

takapuoli

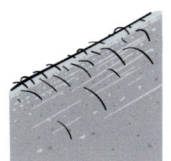

kulit

iho

pipi

poski

telinga

korva

bibir

huuli

mulut

suu

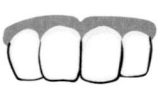

gigi

hammas

lidah

kieli

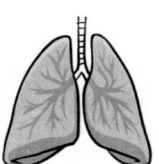

otak

aivot

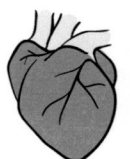

jantung

sydän

otot

lihas

paru-paru

keuhkot

hati

maksa

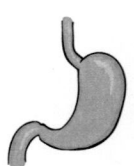

stomach

vatsa

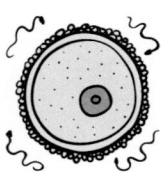

ginjal

munuaiset

hubungan seks

seksi

kondom

kondomi

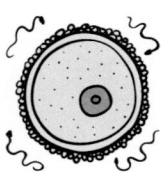

sel telur

munasolu

sperma

sperma

kehamilan

raskaus

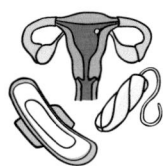

menstruasi

kuukautiset

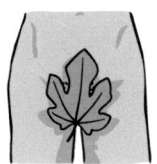

vagina

vagina

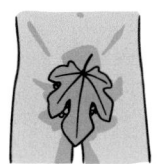

penis

penis

alis

kulmakarvat

rambut

hiukset

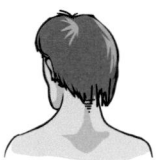

leher

niska

rumah sakit

sairaala

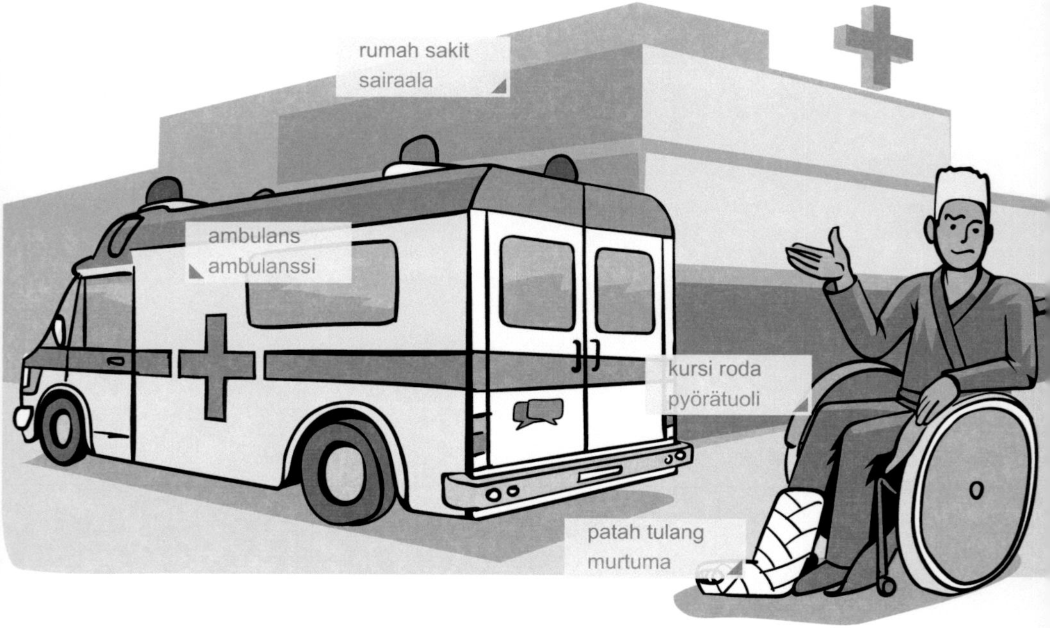

rumah sakit
sairaala
ambulans
ambulanssi
kursi roda
pyörätuoli
patah tulang
murtuma

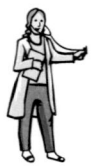

dokter

lääkäri

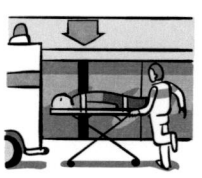

ruang darurat

ensiapu

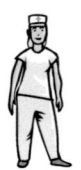

perawat

sairaanhoitaja

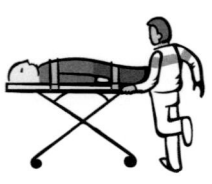

darurat

hätätilanne

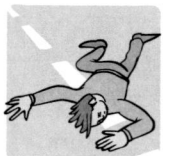

semaput

tajuton

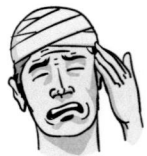

sakit

kipu

cedera

vamma

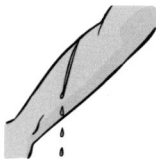

perdarahan

verenvuoto

serangan jantung

sydänkohtaus

stroke

aivoinfarkti

alergi

allergia

batuk

yskä

demam

kuume

flu

flunssa

diare

ripuli

sakit kepala

päänsärky

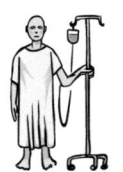

kanker

syöpä

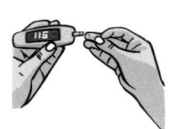

diabetes

diabetes

ahli bedah

kirurgi

pisau bedah

veitsi

operasi

leikkaus

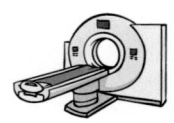

CT
ct

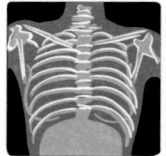

sinar x
röntgen

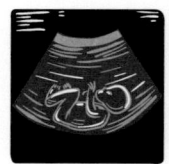

usg
ultraääni

topeng
maski

penyakit
sairaus

ruang tunggu
odotushuone

penyokong
sauva

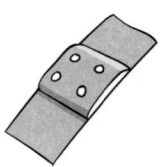

plester
laastari

perban
side

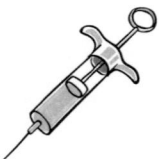

injeksi
pistos

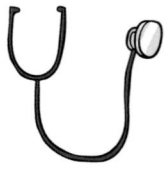

stetoskop
stetoskooppi

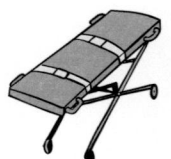

usungan
paarit

termometer klinis
kuumemittari

kelahiran
syntymä

kelebihan berat badan
ylipaino

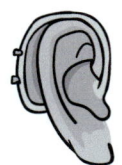

alat pendengar

kuulolaite

desinfektan

desinfiointiaine

infeksi

infektio

virus

virus

HIV / AIDS

HIV / AIDS

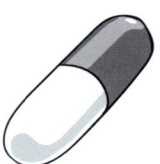

obat

lääke

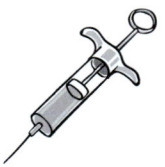

vaksinasi

rokotus

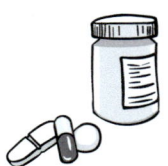

tablet

tabletit

pil

pilleri

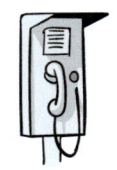

panggilan darurat

hätäpuhelu

ukur tekanan darah

verenpainemittari

sakit / sehat

sairas / terve

rumah sakit - sairaala

Tolong!	alarm	penyerbuan
Apua!	hälytys	ryöstö
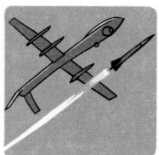		
serangan	bahaya	pintu darurat
hyökkäys	vaara	hätäuloskäynti

Api!	alat pemadam kebakaran	kecelakaan
Tulipalo!	palosammutin	onnettomuus
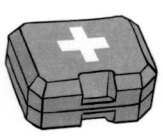		
kit pertolongan pertama	SOS	polisi
ensiapulaukku	SOS	poliisilaitos

Eropa

Eurooppa

Amerika Utara

Pohjois-Amerikka

Amerika Selatan

Etelä-Amerikka

Afrika

Afrikka

Asia

Aasia

Australi

Australia

Atlantik

Atlantin valtameri

Pasifik

Tyynimeri

Samudra India

Intian valtameri

Samudra Antartika

Eteläinen jäämeri

Samudra Arktik

Pohjoinen jäämeri

kutub utara

pohjoisnapa

kutub selatan

etelänapa

Antarktika

Antarktis

bumi

maa

tanah

maa

laut

meri

pulau

saari

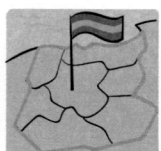

bangsa

kansa

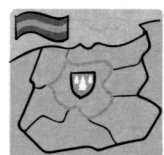

negara

osavaltio

jam wajah

kellotaulu

jarum pendek

tuntiviisari

jarum menit

minuuttiviisari

jarum detik

sekuntiviisari

Jam berapa?

Paljonko kello on?

hari

päivä

waktu

aika

sekarang

nyt

jam digital

digitaalikello

menit

minuutti

jam

tunti

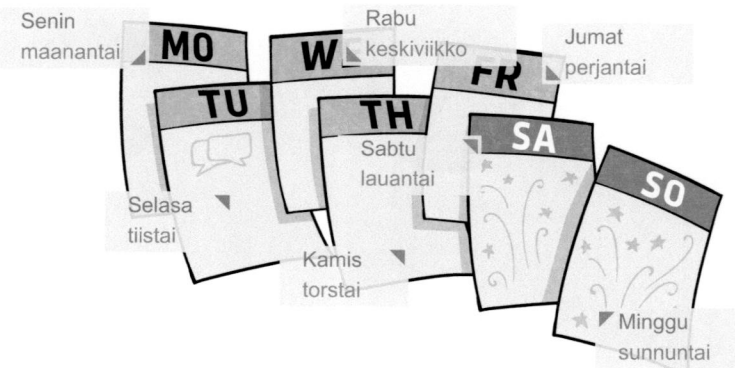

Senin
maanantai — MO

Rabu
keskiviikko — W

Jumat
perjantai — FR

TU

TH

SA

Selasa
tiistai

Sabtu
lauantai

SO

Kamis
torstai

Minggu
sunnuntai

kemaren

eilen

hari ini

tänään

besok

huomenna

pagi

aamu

siang

keskipäivä

malam

ilta

hari kerja

työpäivät

akhir minggu

viikonloppu

hujan
sade

pelangi
sateenkaari

salju
lumi

angin
tuuli

musim semi
kevät

musim gugur
syksy

musim panas
kesä

musim dingin
talvi

4.APRIL	11°	☀
5.APRIL	4°	
6.APRIL	13°	
7.APRIL	8°	☀
8.APRIL	10°	☀

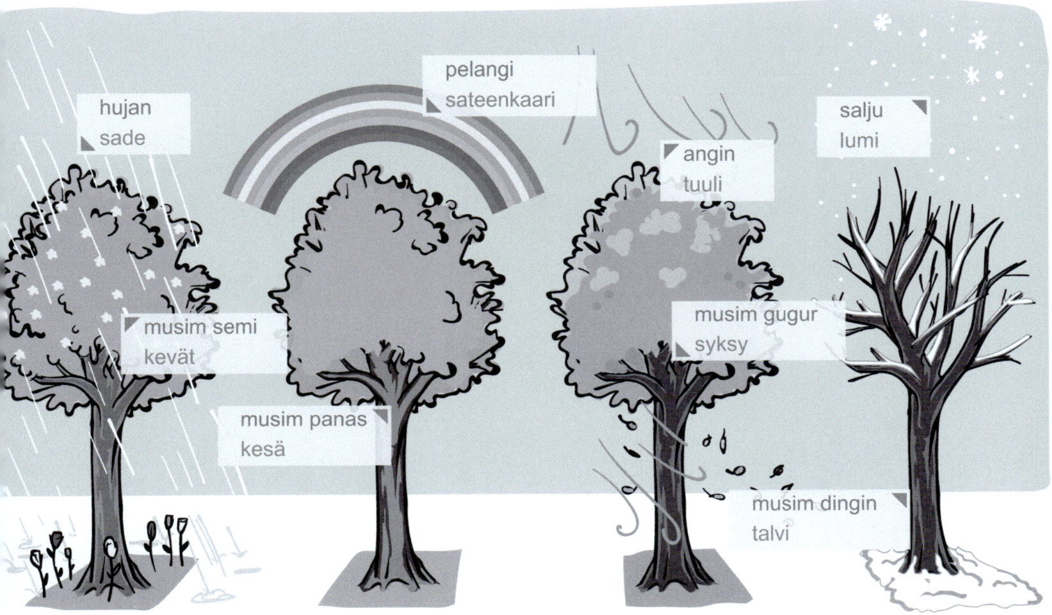

ramalan cuaca
sääennuste

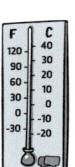

termometer
lämpömittari

matahari
auringonpaiste

awan
pilvi

kabut
sumu

kelembahan
ilmankosteus

kilat

salama

guntur

ukkonen

badai

myrsky

hujan es

rae

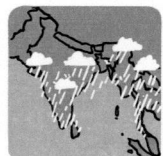

monsun

monsuuni

banjir

tulva

es

jää

Januari

tammikuu

Februari

helmikuu

Maret

maaliskuu

April

huhtikuu

Mei

toukokuu

Juni

kesäkuu

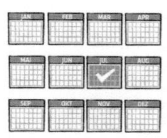

Juli

heinäkuu

Agustus

elokuu

September
....
syyskuu

Oktober
....
lokakuu

November
....
marraskuu

Desember
....
joulukuu

bentuk

muodot

lingkaran
....
ympyrä

persegi
....
neliö

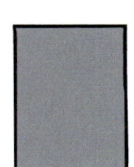

persegi panjang
....
suorakulmio

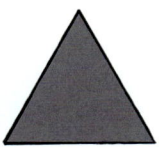

segi tiga
....
kolmio

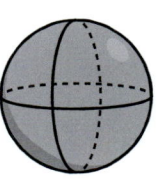

bola
....
pallo

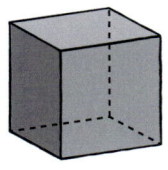

kubus
....
kuutio

putih

valkoinen

kuning

keltainen

oranye

oranssi

pink

vaaleanpunainen

merah

punainen

ungu

violetti

biru

sininen

hijau

vihreä

coklat

ruskea

abu-abu

harmaa

hitam

musta

banyak / sedikit

paljon / vähän

marah / tenang

vihainen / ystävällinen

cantik / jelek

kaunis / ruma

mulaih / selesai

alku / loppu

besar / kecil

suuri / pieni

terang / gelap

vaalea / tumma

saudara laki-laki / saudara perempuan

veli / sisko

bersih / kotor

puhdas / likainen

lengkap / tidak lengkap

täydellinen / epätäydellinen

hari / malam

päivä / yö

mati / hidup

kuollut / elävä

luas / sempit

leveä / kapea

dapat dimakan / tidak dapat dimakan

syötävä / syömäkelvoton

jahat / baik

paha / kiltti

bersemangat / bosan

innostunut / tylsistynyt

gemuk / kurus

lihava / laiha

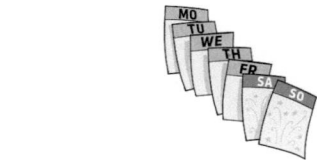

pertama / terakhir

ensimmäinen / viimeinen

teman / musuh

ystävä / vihollinen

penuh / kosong

täysi / tyhjä

keras / lembut

kova / pehmeä

berat / enteng

painava / kevyt

lapar / haus

nälkä / jano

sakit / sehat

sairas / terve

ilegal / legal

laiton / laillinen

cerdas / bodoh

älykäs / tyhmä

kiri / kanan

vasen / oikea

dekat / jauh

lähellä / kaukana

baru / bekas

uusi / käytetty

tidak ada apapun / sesuatu

ei mitään / jotain

tua / muda

vanha / nuori

nyala / mati

päällä / pois päältä

buka / tutup

auki / kiinni

tenang / keras

hiljainen / äänekäs

kaya / miskin

rikas / köyhä

benar / salah

oikein / väärin

kasar / halus

karhea / sileä

sedih / gembira

surullinen / iloinen

pendek / panjang

lyhyt / pitkä

pelan-pelan / cepat

hidas / nopea

basah / kering

märkä / kuiva

hangat / sejuk

lämmin / viileä

perang / damai

sota / rauha

0

nol

nolla

1

satu

yksi

2

dua

kaksi

3

tiga

kolme

4

empat

neljä

5

lima

viisi

6

enam

kuusi

7

tujuh

seitsemän

8

delapan

kahdeksan

9

sembilan

yhdeksän

10

sepuluh

kymmenen

11

sebelas

yksitoista

12	**13**	**14**
duabelas	tigabelas	empatbelas
kaksitoista	kolmetoista	neljätoista

15	**16**	**17**
limabelas	enambelas	tujuhbelas
viisitoista	kuusitoista	seitsemäntoista

18	**19**	**20**
delapanbelas	sembilanbelas	duapuluh
kahdeksantoista	yhdeksäntoista	kaksikymmentä

100	**1.000**	**1.000.000**
seratus	seribu	juta
sata	tuhat	miljoona

Inggris

englanti

bahasa Inggris Amerika

amerikanenglanti

bahasa Cina Mandarin

mandariinikiina

bahasa Hindi

hindi

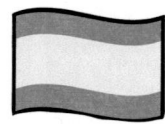

bahasa Spanyol

espanja

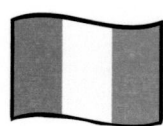

bahasa Perancis

ranska

bahasa Arab

arabia

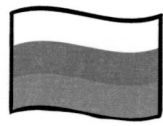

bahasa Rusia

venäjä

bahasa Portugis

portugali

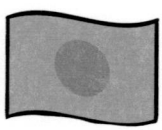

bahasa Bengal

bengali

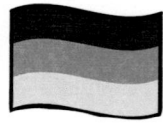

bahasa Jerman

saksa

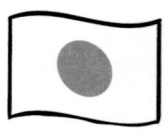

bahasa Jepang

japani

saya

minä

kamu

sinä

dia

hän

kita

me

kalian

te

mereka

he

siapa?

kuka?

apa?

mitä / mikä?

begaimana?

miten?

dimana?

missä?

kapan?

milloin?

nama

nimi

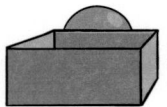

dibelakang

takana

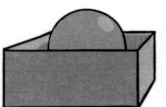

di

sisällä

didepan

edessä

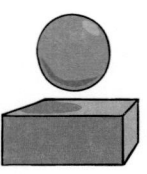

diatas

yläpuolella

diatas

päällä

dibawah

alapuolella

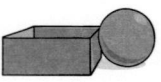

sebelah

vieressä

di antara

välissä

tempat

paikka